VENTE DU SAMEDI 18 MAI 1889

HÔTEL DROUOT, SALLE N° 5

à deux heures 1/2

JOLIE RÉUNION

OBJETS D'ART DÉCORATIF

PRINCIPALEMENT

DU XVIIIe SIÈCLE

Deux Très Beaux Fauteuils Louis XVI de Delanois

MEUBLES, SIÈGES

DÉCORATION DE SALON

Porcelaines de Sèvres et de Saxe

Orfèvrerie, Bronzes, Marbres, Étoffes, Tapisseries

TABLEAUX ANCIENS

Me PAUL CHEVALLIER	M. A. BLOCHE
COMMISSAIRE-PRISEUR	EXPERT
10, rue de la Grange-Batelière, 10	25, rue de Châteaudun, 25

EXPOSITION PUBLIQUE

LE VENDREDI 17 MAI 1889

DE 1 HEURE 1/2 A 5 HEURES 1/2

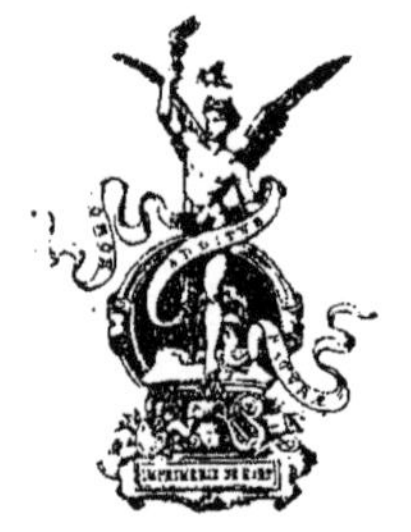
IMPRIMERIE DE L'ART

CATALOGUE

DE

BEAUX MEUBLES ANCIENS

PRINCIPALEMENT

DU XVIIIe SIÈCLE

Deux remarquables Fauteuils, époque Louis XVI, de DELANOIS
Quatre Fauteuils de MEISSONNIER
Autres jolis Sièges finement sculptés — Meuble de Salon en tapisserie Louis XVI
Écran de la Régence — Cadres — Trumeaux — Glaces
Consoles — Armoire — Bureau

Belle Décoration de Salon

Intéressants Coffres de mariage en cuir doré au petit fer
Crédence du XVIe siècle

OBJETS D'ART

Belles Porcelaines de Sèvres et de Saxe
Orfèvrerie — Bronzes — Fers — Ivoires — Miniatures
Groupe en marbre de MATHURIN MOREAU
Étoffes brodées et brochées — Tapisseries

Tableaux anciens

DONT LA VENTE AURA LIEU

HOTEL DROUOT, SALLE N° 5

Le Samedi 18 Mai 1889

à 2 heures 1/2

Par le ministère de Me **PAUL CHEVALLIER**, commissaire-priseur
10, rue de la Grange-Batelière, 10

Assisté de **M. A. BLOCHE**, expert
25, rue de Châteaudun, 25

Chez lesquels on trouve le présent Catalogue.

EXPOSITION PUBLIQUE

Le Vendredi 17 Mai 1889, de 1 heure 1/2 à 5 heures 1/2

CONDITIONS DE LA VENTE

Elle sera faite au comptant.

Les adjudicataires payeront *cinq pour cent* en sus des enchères.

L'Exposition mettant le public à même de se rendre compte de l'état des objets, il ne sera admis aucune réclamation une fois l'adjudication prononcée.

Paris. — Imp. de l'Art, E. Ménard et Cie, 41, rue de la Victoire.

Désignation des Objets

SIÈGES

1-2 — Deux très remarquables fauteuils en noyer finement sculpté, du temps de Louis XVI, de Delanois (signés).

Le dossier à fronton, forme dite anse de panier, présente une suite d'entrelacs lilas fleuris, avec bords perlés : au-dessus se détache, prise en plein bois, une délicieuse couronne de roses enrubannée et entrelacée de branches de laurier : de chaque côté tombent des guirlandes de fleurs et les montants surmontés de pommes de pin sont ornés sur les profils de chutes de fleurs. Les bras s'attachent au dossier par des touffes de feuilles d'acanthe et se terminent par une suite de feuillages s'enroulant autour d'une boule formant tête d'accotoir. La ceinture offre sur le devant un thyrse enveloppé de feuilles de myrte, et, au milieu, deux rinceaux feuillagés, accolés à un bouquet de roses, se terminent en branches de fleurs qui se répandent sur la moulure à rais de cœurs. Bordure à perles suivant les contours de la ceinture. Sur les côtés, même thyrse enveloppé de feuilles de myrte et rais de cœurs. Le dossier est relié aux pieds de derrière par des feuilles d'acanthe. Les consoles d'accotoirs offrent sur le devant une suite de petits culots, sur les deux autres côtés des dessins dits piastres enfilées, et le bas se termine par une rosace à feuillages, enveloppant le retour de la console. Les quatre pieds, forme gaines, à quatre faces, décorés de piastres et de feuillages sont surmontés de chapiteaux à canaux entrelacés avec feuillages aux angles.

Ces deux fauteuils peuvent être considérés, par la finesse de leur sculpture et l'élégance de leur conception, comme un chef-d'œuvre de maîtrise.

3 — Chaise longue de forme dite *Lamballe*, en bois sculpté et doré, dessin à rais de cœurs et perles, avec pieds tors cannelés et couronne de roses à nœud de ruban au dossier, garnie en blanc. Époque Louis XVI.

4 — Quatre fauteuils en bois de noyer sculpté et doré, du temps de Louis XV, grand modèle de *Meissonnier*, dessin à coquilles et rocailles fleuronnées. Couverts d'ancien damas de soie rouge.

5 — Milieu de chaise longue formant tabouret, couvert de soie blanche rayée. Époque Louis XV.

6 — Très joli petit fauteuil à éperon, en bois finement sculpté et doré, à gracieux contours, rehaussé de guirlandes de feuillages, couvert dessus et autour de soie blanche rayée, brodée à bouquets de fleurs et guirlandes, travail dit au crochet, garni de passementerie assortie. Époque Louis XVI (première période).

7 — Joli meuble de salon, composé de deux bergères et quatre fauteuils, en bois sculpté et doré, couverts d'ancienne tapisserie représentant aux dossiers des petits personnages sous des draperies, et sur les sièges des animaux. Époque Louis XVI.

8 — Petit canapé forme Henri II, couvert à fond de peluche, avec carrés en tapisserie au point.

9 — Fauteuil en bois sculpté et ciré, couvert en tapisserie au point. Époque Louis XIV.

10 — Grand fauteuil en bois sculpté et ciré, foncé de canne. Époque Louis XIV.

11 — Fauteuil en bois sculpté, recouvert en velours frappé du temps de Louis XVI.

MEUBLES

12 — Beau bois d'écran finement sculpté et doré, de la Régence : dessin : coquille fleuronnée au fronton d'où s'échappent des guirlandes de fleurs, enveloppant par de gracieux contours les côtés et les angles, venant se rattacher dans le bas à une élégante rocaille. Les pieds sont ornés de culots et de feuilles de palmier.

13 — Beau meuble-crédence en bois sculpté de la Renaissance. Le corps principal s'ouvrant à deux battants, à mascarons et ornements, avec rangée de tiroirs au-dessous, est supporté par deux fuseaux ovoïdes. Le couronnement forme étagères à trois gradins.

14 — Cabinet en bois finement sculpté, s'ouvrant à deux battants de côté, avec réserve de tiroirs à l'intérieur, à huit tiroirs en bas, au milieu et en haut, offrant en bas-relief des cariatides, des

masques fabuleux et des arabesques se terminant en têtes de grotesques. Les côtés sont décorés de grands cartouches à ornements, avec mascarons au milieu et se terminant en têtes de béliers retenant des draperies tombantes. XVIe siècle.

15 — Deux petites consoles d'appliques en bois sculpté, forme à enroulements et coquilles, avec têtes de personnages au milieu et en haut-relief. Époque Louis XIV.

16-17 — Quatre très petites consoles ornées de guirlandes en bois sculpté et doré. Époque Louis XVI.

18 — Bureau, forme à dos d'âne, en marqueterie de bois, garni de cuivre. Époque Louis XV.

19 — Armoire en bois sculpté. Époque Louis XVI.

20 — Console en bois sculpté et doré, ornée de dragons et de salamandres. Époque Louis XV.

21 — Console en bois sculpté, décor à guirlandes, modèle de Delafosse. Époque Louis XVI.

CADRES

22 — Joli petit cadre en bois finement sculpté et rehaussé de vestiges de son ancienne dorure, représentant des trophées d'attributs champêtres et de musique avec groupes de colombes et feuillages. Époque Louis XIV. — Haut., 34 cent.; larg., 25 cent.

23 — Beau cadre en bois sculpté et doré, dessin à ornements entrelacés de fleurs. Époque Louis XIV. — Haut., 50 cent.; larg., 75 cent.

COFFRES — CUIRS

24 — Grand et beau coffre de mariage, à dos bombé, recouvert en cuir rouge, dessin délicat doré au petit fer, représentant sur la façade des panneaux à vases de fleurs et des doubles encadrements d'arabesques; sur les côtés, des petits personnages, des fleurs de lis et des bouquets de glands; dessus : des ornements et des fleurs détachées. Garni de ses ferrures. Époque Louis XIV. En bel état de conservation.

25 — Petit coffre à bijoux et à nécessaire de voyage, recouvert en cuir rouge, dessin d'ornements très

lins dorés au petit fer; intérieur s'ouvrant à tiroirs, plaqué d'ivoire guilloché, et gainé de velours rouge, garni de ferrures dorées. Époque Louis XIV.

DÉCORATION DE SALON

GLACES — BUREAUX

26 — Grande et belle glace de salon, avec riche encadrement en bois finement sculpté et doré. Le fronton fond rechampi de blanc, avec corniche et consoles de supports à feuilles d'acanthe et de laurier dorés, est orné d'une couronne et de branches de feuillages. Des guirlandes de fleurs très fouillées retenues par des nœuds de rubans se dessinent en haut de la glace: les côtés offrent des suites d'entrelacs doublés sous culots avec chutes de fleurs attachées aux consoles du fronton: le bord de l'encadrement offre une suite de canaux entrecoupés de tiges fleuries. Époque Louis XVI. — Haut., 2 m. 65 cent.: larg., 1 m. 55 cent.

27 — Belle décoration de grand salon, époque fin Louis XVI, composée de cinq grands panneaux, deux panneaux d'entredeux et neuf petits, représentant des petits médaillons à paysages et ruines animés de figures inspirées d'Hubert Ro-

*

bert et d'autres à figures allégoriques et mythologiques dans le goût de De Gault, des vases de fleurs et des coupes à jets d'eau portés par des sirènes, des amours renversés tenant des rinceaux ralliés par d'élégants ornements au milieu desquels se mêlent des gerbes fleuries, des corbeilles de fruits ou des couronnes de roses, avec festons de rubans suspendus à des guirlandes de fleurs portées par des amours et des oiseaux. En bas, des cartouches à personnages en camaïeu brique sur fond noir. Cette décoration est accompagnée de dix-huit petits panneaux de frises et quatre moyens, représentant des sujets mythologiques en grisaille sur fond bleu et cinq dessus de portes, formant un ensemble intéressant, facile à utiliser.

Grands panneaux : Haut., 2 mètres; larg., 1 mètre.

Panneaux moyens : Haut., 2 mètres; larg., 38 cent.

Petits panneaux : Haut., 2 mètres; larg., 25 cent.

Dessus de portes : Haut., 30 cent.; larg., 1 m. 15 cent.

28 — Quatre dessus de portes : pastorales, d'après Boucher, représentant des allégories aux Saisons

par des trophées d'attributs champêtres. — Haut., 55 cent.; larg., 1 m. 40 cent.

29 — Trumeau en bois sculpté, peint en blanc relevé d'or, orné de trophées de musique. Époque Louis XV.

30 — Trumeau en bois sculpté à frise. Époque Louis XVI.

BRONZES

31 — Très beau groupe en bronze du XVIe siècle, représentant *Tarquin poignardant Lucrèce*. Fonte à cire perdue. Belle patine.

32 — Deux bras d'appliques à deux lumières, en bronze doré, modèle à rocailles feuillagées. Époque Louis XV.

33 — Cartel en bronze doré, modèle à rocailles. Époque Louis XV.

34 — Jolie pendule forme monument, en bronze ciselé et doré, ornée de chaque côté des figures allégoriques de la Poésie et de la Comédie, surmontée du buste de Voltaire. Modèle rare. Époque Louis XVI.

35 — Ornement d'applique en bronze ciselé et doré, du temps de Louis XVI, représentant une tête de satyre d'où s'échappent deux gerbes de feuilles de laurier.

36 — Petite cassolette en ancienne laque rouge, montée en bronze gravé et doré. Époque Louis XIV.

36 *bis*. — Beau lustre de salon à vingt-quatre lumières, en bronze doré, de style Louis XIV, sortant de chez Thiébaut frères.

PORCELAINES — FAIENCES

37 — Saxe ancien. Très belle garniture de trois vases avec couvercles ajourés, forme des plus gracieuses, à rocailles et fleurs en relief, décor à cartels de fleurs, ornés d'anses avec figurines petits personnages : Arlequin, Colombine, paysan et paysanne tenant des petits chiens. Ensemble rare. Époque Louis XV.

38 — Sèvres ancien. Très jolie écuelle avec couvercle et plateau oblong à contours en pâte tendre, décor à médaillons, trophées d'attributs champêtres et de chasse sur fond bleu turquoise, à œils de perdrix et médaillons d'entredeux à treillages violet pointillé d'or. Encadrements à rehauts d'or. De 1773. Décor de Buteux.

39 — Saxe ancien. Grande figurine en vieux Saxe : *Hercule debout*, sur socle à quatre faces, décor à consoles rehaussées d'or.

40 — Saxe ancien. Grande figurine : *le Joueur de vielle.*

41 — Cronenburg ancien. Tasse et soucoupe décorées de médaillons : Bustes du roi Louis XVI et de la reine, de festons de rubans et de guirlandes de fleurs.

42 — Sèvres ancien. Petite tasse et soucoupe, fond mauve relevé de guirlandes à rehauts d'or, et médaillons fond blanc à couronnes et bouquets de roses.

43 — Sèvres ancien. Groupe de cinq figures en biscuit : *le Triomphe de Flore*. Époque Louis XVI.

44 — Sèvres ancien. Théière, décor fond bleu turquoise avec médaillons à fleurs et oiseaux, encadrements à rehauts d'or.

45 — Saxe ancien. Théière, deux tasses avec soucoupes et petit plateau à sucre, décor à fleurs en violet.

46 — Rouen ancien. Pichet, décor polychrome avec médaillon.

47 — Rouen ancien. Soupière avec couvercle, décor à *la Corne*.

MARBRES

48 — Très petit buste de femme en costume Marie-Antoinette, décolleté et drapé, coiffure haute. Sculpture intéressante, sur marbre.

49 — Beau groupe en marbre : *la Rêverie*, de Mathurin Moreau. — Haut., 85 cent.

ORFÈVRERIE

50 — Crucifix d'autel en cuivre gravé, repoussé et doré, travail reperсé à jour autour du piétement et de la croix, dessin à rosaces, avec échancrures intérieures, orné sur les quatre faces du soubassement de portails d'aspect ogival, enrichi sur la croix de plaques d'argent gravé, représentant les figures symboliques de la Passion.

51 — Saint Sacrement en cuivre repoussé et doré, avec riches ornements en argent ciselé et découpé à jour, offrant au centre, dans le cœur, la tête du Christ martyr, sculpture d'un beau sentiment, sur ivoire. Le cœur et la couronne qui le surmonte

sont ornés de chatons en pierreries, autour se dessinent des figures de saints et de chérubins au milieu d'arabesques et de tiges feuillagées. Le couronnement présente les figurations du Père, du Saint-Esprit et le chiffre du Christ. Le piètement est orné de médaillons à petits sujets allégoriques au Nouveau Testament et de chérubins. Travail du commencement du XVIIe siècle.

52 — Deux salières-bouts-de-table en argent, modèle à guirlandes, nœuds de rubans et écussons avec pyramide. Époque Louis XVI.

53 — Pot à eau et cuvette en argent.

54 — Groupe en argent, représentant une autruche dont le corps est formé d'une grosse émeraude cabochon, conduite à travers des plantations par un personnage en riche costume émaillé avec ceinture et aumônière ornées de pierreries.

55 — Bougeoir en vermeil, avec coquillage formant baguier.

56 — Couronne de sainte Vierge en argent, enrichie de brillants, de roses et de saphirs.

57 — Poire à poudre argentée, ciselée et dorée, décorée de sujets allégoriques aux Saisons.

FERS — IVOIRES — MINIATURES

OBJETS DE VITRINE

58 — Joli pommeau d'épée en fer, fond doré finement ciselé, offrant en réserve sur chaque face des médaillons, bustes de rois, et autour, des rinceaux fleuris et feuillagés. Travail délicat du XVIe siècle.

59 — Dessus de gaine en ivoire, offrant en bas-relief d'un côté : Diane et les Nymphes surprises par Actéon changé en cerf ; de l'autre côté, Actéon en cerf, poursuivi et attaqué par les chiens de Diane ; sur les profils se dessinent des figures de satyres debout et des consoles à mascarons. Travail de la Renaissance.

60 — Miniature ovale sur ivoire : Portrait de Diane, en costume de style Louis XVI, robe de cour, coiffure haute à la poudre, avec panaches.

61 — Miniature ronde sur ivoire : Portrait présumé du roi Louis XVI en costume de cour.

62 — Miniature ovale sur ivoire : Portrait de jeune femme, de l'époque Louis XV, représentée en Diane chasseresse.

63 — Petite miniature ovale sur ivoire : Portrait de grande dame en costume noir, manteau d'hermine et parée de joyaux. Époque Louis XIV.

64 — Deux miniatures sur ivoire : Portraits des fils de France, de l'époque Louis XIV.

65 — Petite miniature ovale sur ivoire : Portrait d'homme en costume rouge du temps de la Révolution.

66 — Reliquaire en argent représentant sur les deux faces Saint Georges, avec chaîne et crochet. XVIIe siècle.

67 — Petit médaillon : peinture représentant un amour ; monture gravée au chiffre L. G.

68 à 73 — Six bagues, camées et intailles anciens montés en or.

74 — Épingle camée ancien, tête sur sardoine orientale, montée en or.

ÉTOFFES

75 — Beau devant d'autel ou bandeau en ancien velours violet, enrichi de broderie en fin, représentant au centre un cartouche à ornements ; de

chaque côté des colonnes et aux extrémités des rinceaux et des cartouches. En bas se dessine une bordure en broderie suite d'ornements. Époque Renaissance.

76 — Petit paravent à trois feuilles formant triptyque, représentant des cartouches et ornements délicats de la Renaissance sertis de fils d'or, encadré de velours rouge.

77 — Coupe de six mètres de velours de Gênes, fond blanc, à grand dessin rouge : fleurs et enroulements. Style Louis XIV.

78 — Chape en ancienne soierie crème, brochée à grands dessins rose pâle, avec onfroi en soierie blanche, brochée à fleurs polychromes. Époque Louis XV.

79 — Beau dossier de canapé en satin crème, avec fines broderies dites au crochet, représentant une corbeille fleurie, des perroquets perchés sur des branchages, encadrés d'une draperie festonnée retenue par des nœuds de rubans avec glands. Époque Louis XVI.

80 — Jupe de cinq lés en soie ancienne rose et blanc rayé et brochée à guirlandes de fleurs. Époque Louis XVI.

81 — Couvre-pieds en satin jaune bouton d'or, richement broché à guirlandes de fleurs et grands ornements Louis XIV, bordé d'une frange.

82 — Six panneaux pour paravent en joli brocart d'argent broché, à dessins très élégants ; bouquets et jetées de fleurs de toutes nuances de tons harmonieux, relevés de paillons rubis et de paillettes d'or, sertis de fil en fin. Époque Louis XVI. — Haut., 1 m. 50 cent.

83 — Jupe de six lés en satin rose richement brodé, à sujets chinois, festons de rubans et guirlandes de fleurs. Travail au chenillé. Époque Louis XV.

84 — Jolie coupe de six mètres en ancienne soierie rose, brochée à trophées de colombes et d'attributs champêtres, guirlandes et corbeilles de fleurs en toutes nuances de tons très harmonieux, d'après les cartons de Philippe de Lassalle, et de l'époque Louis XVI.

85 — Dessus de piano en soie moirée, fond rose, à rayures blanches, brochée à guirlandes de fleurs. Époque Louis XVI.

86 — Chape en soie blanche lamée d'argent, ornée de broderie à paillettes et d'applications de petites glaces. Louis XVI.

TAPISSERIES

87 — Deux superbes portières, l'une en soie brochée vieux rose, l'autre en panne, avec bandes de tapisserie moderne. (Dessins copiés au Musée de Cluny.) — Haut., 2 m. 20 cent.; larg., 2 m. 50 cent.

88 — Tapisserie représentant *une Marine*, d'après J. Vernet.

89 — Tapisserie dite *verdure* animée de volatiles, avec sa bordure.

90 — Suite de cinq panneaux en tapisserie : Sujets champêtres à petits personnages.

TABLEAUX

GÉRARD

Baron

91 — *Portrait de jeune homme.*

MIGNARD

Attribué à

92 — *Portrait de jeune femme de la cour.*

En riche costume orné de broderies.

SCHALL

93-94 — *Promenades dans le parc.*

La Femme à l'éventail et la Femme au petit chien.

Deux pendants.
Cadres anciens en bois sculpté et doré.

STELLA

(J.)

95 — *Enfant jouant avec des animaux.*

Forme de frise ; encadré.

WOUWERMAN

(PIERRE)

96 — *La Halte en chasse.*

Signé des monogrammes.

ÉCOLE FLAMANDE

97 — *Scène allégorique.*

Apollon, blessé à la chasse, secouru par Junon arrivant dans son char traîné par les colombes.
Fond de paysage animé de petits personnages et d'animaux.
Sur cuivre.

ÉCOLE FLAMANDE

98 — *Singe et fruits.*

Sur cuivre.

ÉCOLE FRANÇAISE

99 — *Portrait de Désaugiers.*

ÉCOLE FRANÇAISE

100 — Dessin au fusain.

Cadre ancien

ÉCOLE FRANÇAISE

101 — *Tête de femme.*

Dessin rehaussé de couleur.

102 — Objets omis.

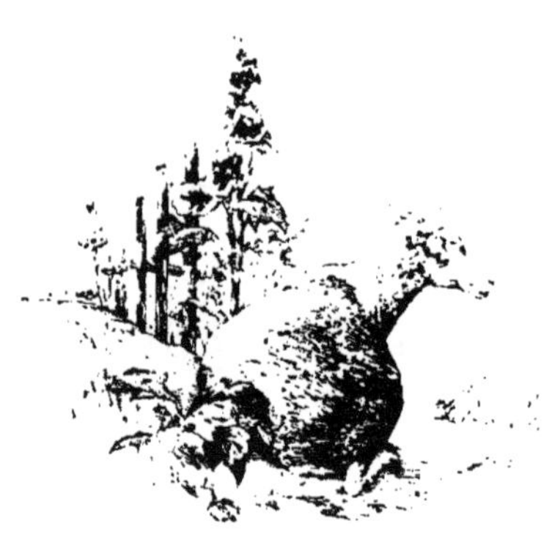

www.ingramcontent.com/pod-product-compliance
Ingram Content Group UK Ltd.
Pitfield, Milton Keynes, MK11 3LW, UK
UKHW020532180726
13839UKWH00005B/2470

9 782329 604749